Entspannt wie ein Panda

Für alle Eltern, Betreuer*innen und Lehrkräfte,
die unserer nächsten Generation Achtsamkeit
mit auf den Weg geben und damit einen
unglaublich wichtigen Dienst verrichten. – K.W.

Für Kamal, Emmett und Sabrina – A.B.

Kira Willey & Anni Betts
PEACEFUL LIKE A PANDA
30 Mindful Moments for Playtime, Mealtime, Bedtime – or Anytime!

4. Auflage 2024

Zuckersüß Verlag ist eine Marke der
Luna Ventures GmbH
Prenzlauer Allee 186
D-10405 Berlin

ISBN 978 3 9493150 15

Gedruckt in Lettland

MIX
Paper from responsible sources
FSC® C014521

Übersetzung: Pia Jüngert
Lektorat: Anna & Lukas Kampfmann
Korrektorat: Sophie Niemann

Zuckersüß VERLAG

www.zuckersuessverlag.de

Entspannt wie ein Panda

30 Achtsamkeitsübungen
für Kinder

Kira Willey

Illustrationen von Anni Batts
Aus dem Englischen von Pia Jüngert

Zuckersüß
VERLAG

Inhalt

Vorwort

Suchst du nach einem sinnvollen Weg, mit deinem Kind eine Verbindung einzugehen, die dir das Gefühl gibt, mit ihm ganz im Hier und Jetzt zu sein? Möchtest du deinem Kind Wege aufzeigen, wie es Anspannung und Druck abbauen kann? Wenn du Lehrer*in bist: Kämpfen deine Schüler*innen mit Ängsten oder fällt es ihnen schwer, sich zu konzentrieren? Achtsamkeit – das bedeutet, einfach ausgedrückt, freundlich und aufgeschlossen dem Augenblick unsere ganze Aufmerksamkeit zu schenken – wirkt nachweislich bei all diesen Problemen. Sie fördert darüber hinaus einen besseren Schlaf, stärkt das Immunsystem und mindert die Symptome einer Depression.

Doch wie praktizieren wir mit unseren Kindern Achtsamkeit, vor allem, wenn wir selbst keine Erfahrung damit haben?

Alles, was du brauchst, hältst du gerade in der Hand!

Beachte bei Achtsamkeitsübungen mit Kindern die folgenden drei Knackpunkte: Gestalte die Einheit knapp, lustig und kontinuierlich. Entspannt wie ein Panda berücksichtigt genau das. Die einzelnen Übungen im Buch fallen kurz aus; jede dauert nur ungefähr eine Minute. Außerdem sind sie alle – wundervoll illustriert von Anni Betts – spielerisch angelegt, um die Vorstellungskraft kleiner Kinder anzuregen.

Das dritte Schlüsselelement - Kontinuität - habe ich quasi zu einem Selbstläufer gemacht. Um regelmäßiges Üben zu erleichtern, ist jedes

Kapitel in Tageszeiten eingeteilt, sodass es euch ganz einfach gelingen wird, eine Übung (oder zwei oder drei) selbst an einem hektischen Tag unterzubringen. Du kannst Achtsamkeit in eure tägliche Routine aufnehmen, indem du eine Übung mit etwas verbindest, das ihr regelmäßig macht, zum Beispiel zur Schule fahren, gemeinsam essen oder eine Gutenachtgeschichte lesen.

Die Auswahl an unterhaltsamen Ideen ist groß. Beginnt den Tag ruhig und heiter mit „Sonnenatem" oder schwungvoll mit dem „Ich weck dich-Wackler". Verschafft eurem Gehirn einen Energieschub mit „Eulenatem" und seid beim Spielen mit „Ha-Ha Hyäne" so richtig ausgelassen! Mit der Übung „Woher kommt das?" kann die ganze Familie bei den gemeinsamen Mahlzeiten achtsames Essen praktizieren – und überlegen, wie die Nahrung auf eurem Teller gelandet ist. Und wenn es Zeit ist zum Schlafengehen, hilfst du deinem Kind, seine Probleme mit „Gute Nacht, Sorgen" loszulassen, und ebnest damit einem friedlichen Schlaf den Weg. Achtsamkeit ist außerdem eine fantastische Methode, um sozial-emotionale Kompetenzen zu fördern, und die Übungen in diesem Buch sind so konzipiert, dass sie Kinder dazu befähigen, ihre Eigenwahrnehmung auszubilden, sich in Optimismus und Dankbarkeit zu üben, ihr Selbstwertgefühl zu steigern und positive Erfahrungen zu sammeln. Stell dir eine Generation von Kindern vor, die mit der Fähigkeit aufwächst, Stress und Angst bewältigen zu können, bedächtig auf schwierige Situationen zu reagieren, und die über genug Eigenwahrnehmung verfügt, um ihre Gefühle und ihr Verhalten zu lenken. Wie bahnbrechend für die Zukunft von uns allen!

Du kannst daran mitwirken, wenn du jetzt damit anfängst.

Doch was hast du selbst davon? Durch die Übungen mit deinem Kind profitierst auch du von den vielen positiven Auswirkungen!

Ich würde mich jedenfalls über eine Rückmeldung bezüglich deiner Erfahrungen mit diesem Buch sehr freuen. Bitte melde dich über meine Website kirawilley.com.

Aufgewacht, die Sonne lacht!

Habt ihr euch schon immer schwer damit getan, morgens in die Gänge zu kommen? Diese vergnüglichen, einfachen Übungen verhelfen euch zu einem schwungvollen Start – idealerweise führt ihr sie direkt nach dem Aufstehen, nach dem Frühstück oder auf dem Weg zur Schule durch. Sucht euch eure Lieblingsübung aus und praktiziert sie jeden Morgen. Auf diese Weise startet ihr entspannter in den Tag – und er wird danach bestimmt WUNDERBAR werden!

Ich weck dich-Wackler

Bist du noch müde?

Lass uns ganz BREIT und HERZHAFT gähnen.

Auch wenn du noch schläfrig bist ...
kannst du mit einem Zeh wackeln?
Nur mit einem?

Und jetzt wackle mit einem anderen.

Wackle immer weiter mit den Zehen ...

Wackle nun auch mit einem Finger.
Nur mit einem!

Wackle jetzt mit einem zweiten.

Wackle mit deinen Armen …
UND deinen Beinen …
UND deinem Bauch!

Wackle mit dem GANZEN Körper!

Immer weiter!

WACKELN, WACKELN, WACKELN!

Werde jetzt wieder ruhiger,
immer ruhiger,
und halte inne.

Sonnenatem

Stell dir vor, du bist die Sonne.

Atme erst tief ein und sende beim Ausatmen deine Sonnenstrahlen aus.

Und jetzt noch einmal. Atme erst tief ein und sende beim Ausatmen deine Sonnenstrahlen aus.

Sende die Strahlen nach vorne aus ... und nach hinten.

Sende die Strahlen nach links aus ... und nach rechts.

Verteile die Sonne in einem großen Kreis um dich herum.

Verteile die Sonnenstrahlen überall!

Spüre, wie es um dich herum heller und wärmer wird, jedes Mal, wenn du ein- und ausatmest.

Zeit für einen sonnigen Tag!

GUTEN MORGEN!
hallo!
HEY!
Oh, Hi!

Guten Morgen, lieber Körper!

Komm, wir wünschen unserem Körper einen guten Morgen!

Beuge dich nach unten
und kitzle deine Zehen.

Guten Morgen, Zehen!

Berühre jetzt deine Knie.

Oh, hallo Knie!

Lege deine Hände auf deinen Bauch und reibe ihn ein bisschen.

Atme ein und wieder aus.

Hey Bauchnabel!

Lege deine Hände nun
auf dein Herz.

Atme ein und wieder aus.

Hallo Herz!

Lege deine Hände auf deinen Kopf, wo sich dein so kluges Gehirn befindet.

Atme ein und wieder aus.

Guten Morgen, Gehirn!

Nimm deine Hände wieder herunter.

Schüttle jetzt deinen ganzen Körper kurz und sanft aus … und stehe danach wieder ganz ruhig da.

Atme tief ein und atme die ganze Luft wieder aus.

Guten Morgen, lieber Körper!

Wie ist das Wetter?

Sieh nach draußen. Vielleicht regnet es heute oder die Sonne scheint.

Wie ist das Wetter in dir drin?

Atme tief ein und wieder aus.

Fühlst du dich gerade strahlend hell und sonnig?

Oder eher grau und wolkig?

Oder fühlst du dich überhaupt nicht so, sondern ganz anders?

Vielleicht spürst du, wie ein
Unwetter in dir tobt.

Oder es herrscht ein klarer Tag.

Überlege, wie das Wetter in
deinem Körper gerade ist,
was fühlst du?

Egal wie, jedes Wetter ist in Ordnung.

Es ändert sich ständig.

Wahrscheinlich wird sich
schon morgen wieder alles
ganz anders in dir anfühlen!

Atme tief ein und atme
die ganze Luft wieder aus.

Wort des Tages

Sitze aufrecht da. Atme tief ein und wieder aus.

Denke jetzt an den Tag, der vor dir liegt.

Wie soll er werden?

Wähle ein geeignetes Wort für diesen Satz:
„Der Tag heute wird ..."

Du kannst ihn mit „großartig", „lustig"
oder „wunderbar" ergänzen!

uche ein Wort aus, das am besten zu deinem Tag passt.

/enn du magst, kannst du dein Wort des Tages och einem Erwachsenen verraten.

ersuche, dich während des Tages immer wieder n dieses Wort zu erinnern!

tme tief ein und wieder aus.

Wann sind wir endlich DA?

Während ihr im Auto, Bus oder Zug unterwegs seid, habt ihr wunderbar Zeit, um einfache Achtsamkeitsübungen anzuwenden. Manchmal ist Reisen mit Stress verbunden, und diese Aufgaben helfen dabei, zu entspannen und ruhig zu werden. Vielleicht betrachtet ihr die Welt danach sogar mit ganz anderen Augen!

Rote Ampel, grüne Ampel

Stell dir vor, du sitzt in einem Auto. Halte das Lenkrad gut fest!

Grüne Ampel! Los!

Fahr ganz schnell!

Rote Ampel! STOPP.

Atme ein, atme aus.

Atme ein, atme aus.

Grüne Ampel! Los!

Fahr ganz schnell!

Rote Ampel! STOPP.

Atme ein, atme aus.

Atme ein, atme aus.

Gelbe Ampel! Jetzt laaangsam.

Wie langsam kannst du fahren?

Rote Ampel! STOPP.

Atme ein, atme aus.

Atme ein, atme aus.

Außen und innen

Sei ganz ruhig.

Atme ein und wieder aus.

Schließe deine Augen, wenn du magst.

Lausche den Geräuschen draußen.

Was hörst du?

Hörst du Menschen um dich herum?

Hörst du Musik, einen Motor brummen
oder den Wind pfeifen?

Lausche.

Atme ein und wieder aus.

Jetzt lausche in dich hinein.

Was hörst du?

Macht dein Bauch irgendwelche Geräusche?

Kannst du hören, wie du atmest,
wie sanft dein Herz schlägt?

Lausche.

Atme ein und wieder aus.

hallo!
HI!
HUP!

Heißluftballon

Lass uns eine Ballonfahrt machen!

Du kannst deinen Ballon überallhin mitnehmen. Wohin du willst.

Atme schnell und kurz über deine Nase ein: schniff, schniff, schniff, schniff, schniff.

Beim Einatmen streckst du deine Arme zu den Seiten aus und bewegst sie hoch bis in den Himmel.

Fülle deinen Ballon mit Luft, damit er fliegen kann.

Atme jetzt langsam aus. Lass dabei deine Arme wieder sinken.

Und jetzt mach es noch einmal!

Atme schnell und kurz über deine Nase ein: schniff, schniff, schniff, schniff, schniff.

Strecke deine Arme zu den Seiten aus und bewege sie nach oben.

Atme aus. Lass dabei deine Arme wieder sinken.

Wiederhole diese Übung, so oft du willst.

Es ist Zeit für ein Abenteuer!

Der Zug macht tsch-tsch

Ab auf die Schienen,
unser Zug fährt los!

Wir fangen langsam an.

Atme ein und sage etwas in die Länge gedehnt:
„Tsch tsch tschschschsch …"

SCHNELLER ZUG!

Atme ein.

Sage wieder, nun schneller: „TSCH TSCH TSCH TSCH TSCH TSCH TSCHSCHSCH!"

Langsamer Zug.

Atme ein. Sage langsam:
„Tsch tsch tsch tsch tschschsch …"

SCHNELLER ZUG!

Atme ein! „TSCH TSCH TSCH TSCH TSCH TSCH TSCHSCHSCH!"

Ein wirklich gaaanz langsamer Zug. Atme ein.

„T s c h T s c h T s c h T s c h T s c h s c h ..."

Wir halten unseren Zug wieder an. STOPP.

Werde ganz ruhig.

Atme ein und wieder aus.

Herzatem

Manchmal fühlt sich alles ein bisschen komisch an.

Besonders, wenn du viel unterwegs bist.

Vielleicht musst du im Auto sitzen, im Bus oder Zug.

Das ist ganz schön anstrengend!

Doch selbst, wenn viel Trubel herrscht, kannst du eine kleine Pause einlegen.

Lege beide Hände auf dein Herz.

Schließe deine Augen oder schau einfach nach unten.

Atme tief ein und lass die ganze Luft wieder ausströmen.

Sage zu dir selbst: „Ich ruhe mich aus."

Atme tief ein und wieder aus.

„Ich ruhe mich aus."

Atme tief ein und wieder aus.

„Ich ruhe mich aus."

SUPER HIRN

Wusstest du, dass Achtsamkeit dir beim Lernen hilft? Die Übungen in diesem Kapitel sind wie Nahrung fürs Gehirn – damit fällt es dir leichter, dich auf deine Aufgaben zu konzentrieren. Mache eine kurze Pause, um diese Übungen anzuwenden, sobald du das Gefühl hast, du wirst matschig im Kopf. Sie werden dich schnell wieder auf die richtige Spur bringen!

Flamingo

Stehe ganz gerade, mit beiden Füßen fest auf dem Boden.

Ziehe jetzt ein Knie an,
hoch bis zu deinem Bauch.

Spanne dabei den Bauch an!

Wenn du wacklig auf den Beinen bist, halte dich am besten an etwas oder jemandem fest.

Breite deine Flügel ganz weit zur Seite aus.

Du bist ein Flamingo!

Atme ein und wieder aus.

Versuche, möglichst ruhig dazustehen.

Atme ein und wieder aus.

Nimm dein Knie langsam wieder herunter.

Lass es uns nochmal versuchen!

Ziehe das andere Knie an,
hoch bis zu deinem Bauch.

Spanne dabei den Bauch an!

Wenn du wacklig auf den Beinen bist, halte dich am besten an etwas oder jemandem fest.

Breite deine Flügel ganz weit zur Seite aus.

Hallo, Flamingo!

Atme ein und wieder aus.

Versuche, möglichst ruhig dazustehen.

Atme ein und wieder aus.

Nimm dein Knie langsam wieder herunter.

Welpe, schüttle dich

Stell dir vor, du bist ein Hundewelpe und hast gerade gebadet.

Du bist ganz nass!

Schüttle deinen Kopf und die Schultern ein winziges bisschen.

Schüttle deine Arme etwas mehr.

Schüttle deine Beine ganz fest.

Schüttle jetzt deinen ganzen Körper, SO FEST wie du nur kannst!

Kannst du auch mit dem Schwanz wedeln?

Schüttle dich, schüttle dich, schüttle dich, kleiner Welpe!

Schüttle dich, schüttele dich, schüttle dich!

Werde jetzt wieder langsamer.

Noch ein bisschen langsamer.

Werde ganz ruhig.

Atme ein und wieder aus.

KLUG!

Ich bin klug!

Atme tief ein und atme
die ganze Luft wieder aus.

Sage zu dir selbst: „Ich bin klug!"

Atme ein und wieder aus.

Lege eine Hand auf deinen Kopf,
in dem sich dein kluges Gehirn befindet.

Wiederhole nun: „Ich bin klug!"

Atme ein und wieder aus.

Lege die andere Hand auf deinen Kopf,
in dem sich dein kluges Gehirn befindet.

Klopfe ganz leicht auf deinen Kopf.

Wiederhole nochmals: „ICH BIN KLUG!"

Nimm deine Hände herunter.

Atme tief ein und atme die
ganze Luft wieder aus.

Eulenatem

Stell dir vor, du bist eine Eule.

Sitze aufrecht und stemme deine Flügel in die Seite.

Plustere deine Eulenbrust auf.

Mache ganz große Augen. Blinzle ein paar Mal.

Atme tief ein. Sage ganz sacht: „Huuu …"

Atme noch einmal tief ein.

„Huuu …"

Blinzle ein paar Mal.

Atme tief ein. Sage nun ganz sacht: „Huuu …"

Atme noch einmal tief ein.

„Huuu …"

Schüttle ganz sanft deine Flügel aus.

Werde ganz ruhig.

Seestern

Strecke eine Hand nach oben und spreize deine Finger weit auseinander.

Stell dir vor, deine Hand ist ein Seestern.

Kannst du die Zacken deines Seesterns vom Daumen bis zum kleinen Finger nachfahren?

Fahre mit dem Zeigefinger der anderen Hand langsam bis zum ersten Zacken deines Seesterns hoch. Atme dabei ein.

ahre auf der anderen Seite wieder
inunter und atme dabei aus.

ahre bis zum nächsten Zacken des
eesterns hoch und atme ein. Fahre
ieder hinunter und atme aus.

lache so weiter, ganz sorgfältig und
ngsam.

ahre bis zum nächsten Zacken
es Seesterns hoch und atme ein.
ahre wieder hinunter und atme aus.

ahre bis zum nächsten Zacken des
eesterns hoch und atme ein. Fahre
ieder hinunter und atme aus.

etzt fährst du an deinem kleinen
inger entlang ...

ahre am letzten Zacken des
eesterns hoch und atme ein.
ahre hinunter und atme aus.

aaahhh ...

SPIEL ZEIT

Juhu – endlich ist Spielzeit! Bewegt euch, lasst den Atem fließen und macht mit diesen einfachen, lustigen Achtsamkeitsübungen auch ein bisschen Quatsch. Sie eignen sich hervorragend dazu, einen gesunden Körper und Geist zu entwickeln.

Ha-Ha Hyäne!

Stell dir vor, du bist eine Hyäne in der Savanne.

Hyänen lachen gerne!

Lege deine Hände auf deinen Bauch.

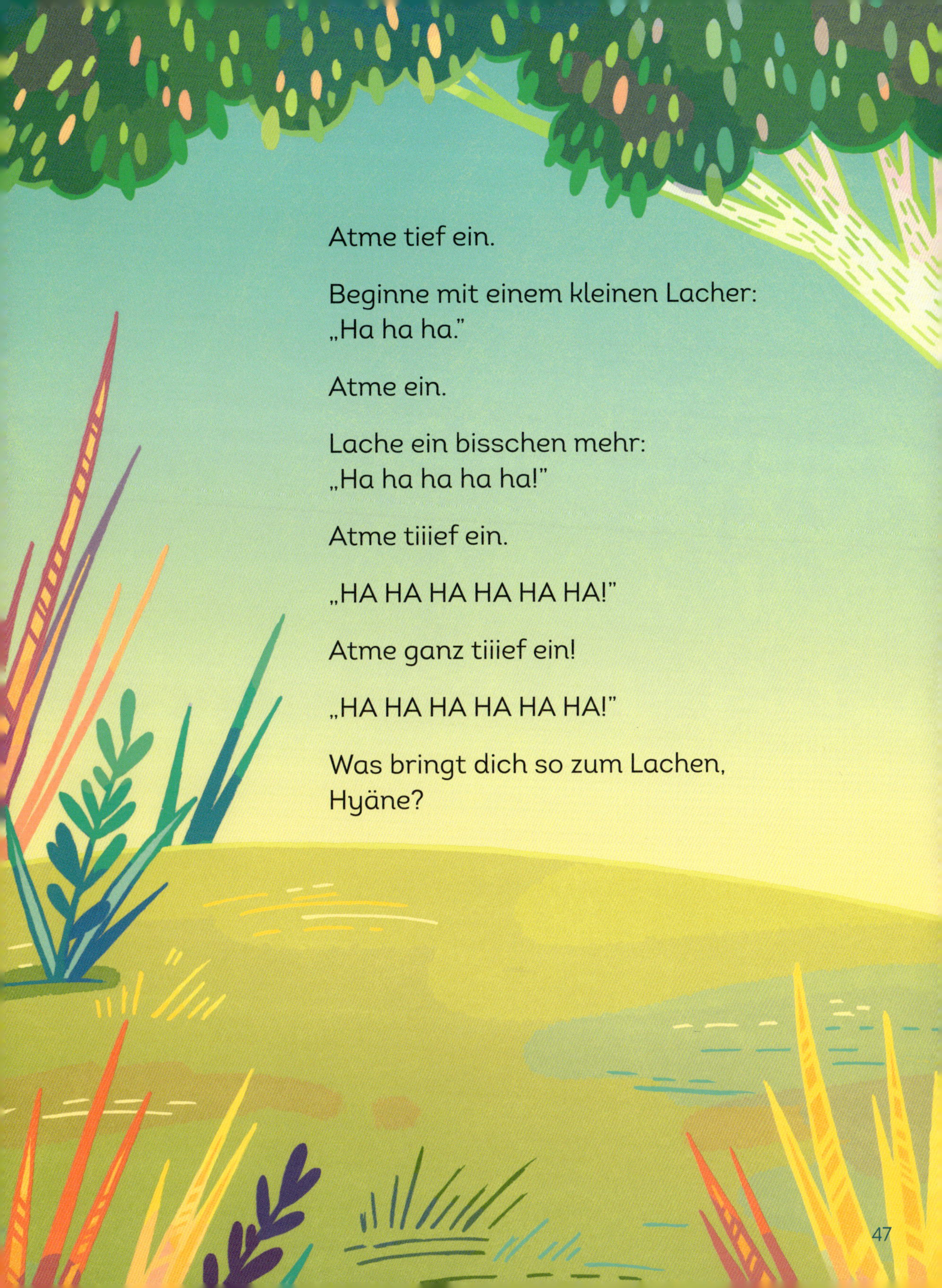

Atme tief ein.

Beginne mit einem kleinen Lacher:
„Ha ha ha."

Atme ein.

Lache ein bisschen mehr:
„Ha ha ha ha ha!"

Atme tiiief ein.

„HA HA HA HA HA HA!"

Atme ganz tiiief ein!

„HA HA HA HA HA HA!"

Was bringt dich so zum Lachen,
Hyäne?

Lass uns schwimmen

Spring ins Wasser!

Leg dich auf den Bauch und beginne zu schwimmen.

Kannst du deine Arme als Paddel benutzen?

Kannst du mit den Beinen strampeln?

Paddle! Strample! Paddle! Strample!

Kannst du schneller schwimmen?

Paddle! Strample! Paddle! Strample!

Und sogar noch schneller?

Puh! Zeit zum Ausruhen.

Leg dich auf den Rücken.

Atme tief ein und lass die ganze Luft wieder heraus.

Entspanne dich und deinen ganzen Körper.

Lass dich auf dem Wasser treiben.

Atme tief ein und lass die ganze
Luft wieder heraus.

Lass dich auf dem Wasser treiben.

Aaaahhh ...

Entspannt wie ein Panda

Stell dir vor, du bist ein großer, kuscheliger Pandabär.

Pandas fressen und schlafen für ihr Leben gern.

Ihre Lieblingsspeise ist Bambus.

Schnapp dir etwas Bambus
und nimm einen Bissen.

Mmmmhh. Lecker!

Reibe deinen großen
pelzigen Bauch.

Atme ein und wieder aus.

Atme ein und wieder aus.

Das war ein guter Imbiss!

Zeit für ein Nickerchen, Panda.

Such dir ein gemütliches
Plätzchen und roll dich zu einer
Kugel zusammen.

Atme ein und wieder aus.

Atme ein und wieder aus.

Bleibe so lange liegen,
wie du magst.

Schmetterlingsatem

Stell dir vor, du bist ein farbenfroher Schmetterling.

Setz dich auf den Boden und lege die Fußsohlen aneinander. Ziehe dabei die Knie etwas auseinander.

Sie sind deine Schmetterlingsflügel.

Schlage sanft mit den Flügeln auf und ab, auf und ab.

Atme ein, kleiner Schmetterling.

Atme aus, kleiner Schmetterling.

Was hast du für eine Farbe?

Bist du violett oder rosa, orange oder rot?

Schlage sanft mit den Flügeln auf und ab,
auf und ab.

Atme ein, kleiner Schmetterling.

Atme aus, kleiner Schmetterling.

Schlaf, mein Baby

Stell dir vor, du willst ein Baby in den Schlaf wiegen.

Kannst du das Baby in deinen Armen beruhigen?

Wiege dein Baby.

Hin und her, hin und her.

Atme tief ein und flüstere beim Ausatmen: „Schschsch ...“

Atme noch einmal tief ein.

„Schschsch ...“

Ziehe das „Sch“ so weit in die Länge, wie du kannst.

Klappt das?

Versuche es noch einmal.

Atme tief ein und flüstere beim Ausatmen: „Schschsch ...“

Ganz sanft!

Das Baby schläft!

Lass uns ESSEN

Hand hoch, wenn du richtig schnell isst! Ja, manchmal tun wir das alle. Unserem Bauch bekommt das aber gar nicht. Wenn wir uns einen Moment Zeit nehmen, entspannen und darüber nachdenken, woher unsere Nahrung kommt, fühlen wir uns gleich etwas besser und haben mehr Freude am Essen. Wählt eine Übung aus diesem Kapitel und probiert es aus. Und wenn sie euch gefällt, dann nehmt euch gerne einen Nachschlag!

Woher kommt unser Essen?

Schau auf das Essen vor dir.

Warte, fang bitte noch nicht zu essen an!

Atme tief ein und lass die ganze Luft wieder heraus.

Überlege, woher dein Essen wohl kommt.

Hast du es in einem Laden gekauft?

Wie kam es dorthin?

Vielleicht stammt es von einem Bauernhof.

Vielleicht ist es auf dem Feld gewachsen.

Wer hat es auf dem Bauernhof herangezogen?

Wer hat es auf dem Feld angepflanzt?

Denke an den Weg, den dein Essen bis zu dir zurückgelegt hat.

Denke an all die Menschen, die daran beteiligt waren.

Atme tief ein und lass die ganze Luft wieder heraus.

Zeit zum Essen!

Strohhalmatem

Manchmal fühlen wir uns alle ein bisschen überlastet.

Die Übung mit dem Strohhalm kann uns dabei helfen ABZUSCHALTEN.

Stell dir vor, du trinkst aus einem Strohhalm.

Forme mit deinem Mund ein kleines „O".

Ziehe laaange die Luft durch den Strohhalm hoch.

Lass wieder locker und die ganze Luft
aus deinem Mund strömen.

Haaaaaa …

Wiederhole es!

Ziehe laaange die Luft durch den Strohhalm hoch.

Lass wieder locker und die ganze Luft
aus deinem Mund strömen.

Haaaaaa …

Wiederhole es so oft, wie du willst.

Mache die Strohhalm-Atemübung immer dann,
wenn du dich beruhigen willst.

Sehen, riechen, schmecken

Schau auf deinen Teller.

Was für Farben siehst du?

Ist dei Essen orange oder rot?
Weiß oder grün?

Sag es ganz laut.

Nun rieche daran.

Was riechst du?

Riecht es würzig oder süß?

Oder ganz anders?

Sag es ganz laut.

Nun nimm einen Bissen davon.

Wie schmeckt es?

Ist es warm oder kalt?

Sag es ganz laut.

Jetzt kannst du es aufessen!

Danke für das Essen

Atme tief ein und lass die ganze Luft wieder heraus.

Das Essen, das du heute zu dir nimmst, hat jemand angebaut.

Bedanke dich bei diesem Menschen.

Jemand hat dein Essen abgepackt.

Bedanke dich bei diesem Menschen.

Jemand hat das Essen für dich zubereitet.

Bedanke dich bei diesem Menschen.

Atme tief ein und lass die ganze Luft wieder heraus.

Frag deinen Bauch

Solltest du noch ein bisschen
mehr essen?

Oder bist du satt?

Frage einfach deinen Bauch!

Atme ein und wieder aus.

Schließe deine Augen,
wenn dir das hilft.

Lege eine Hand auf deinen Bauch.

Sage: „Bauch, wie fühlst du dich?"

Warte aufmerksam.

Möglicherweise musst
du noch einmal fragen.

Sage: „Hey, Bauch,
wie fühlst du dich?"

Warte aufmerksam.

Bist du satt?

Oder brauchst du
noch etwas mehr zu essen?

Atme ein und wieder aus.

Du weißt, was zu tun ist!

Bauch,
WIE
geht's?

Gute Nacht

Mehrere erholsame Pausen einzulegen, ist mit das Wichtigste, was wir tun können, um gesund zu bleiben. Es ist gut für unseren Körper und unseren Geist. Doch manchmal benötigen wir etwas Hilfe, um zu entspannen. Und genau dafür eignen sich die folgenden Übungen. Sie werden eurem Körper und Geist helfen, zur Ruhe zu kommen und abzuschalten. Sucht euch ein oder zwei Übungen aus, die euch am besten gefallen, und wendet sie jeden Abend an – Kinder bitten am besten eine*n Erwachsene*n, mitzumachen. Schlaft gut!

Das Licht in mir

Stell dir vor, in dir brennt ein Licht.

Es befindet sich genau in der Mitte
deines Bauches.

Das Licht ist warm und leuchtet
wie eine Kerze.

Stell dir vor, das Licht wird langsam
größer und größer.

Es leuchtet deine Beine hinunter
bis zu deinen Zehenspitzen.

Es wird noch größer ...

Es scheint hell in deiner Brust
und füllt dein ganzes Herz aus.

Es leuchtet an deinen Armen hinunter
bis zu den Fingerspitzen!

Es leuchtet immer höher und höher
und höher in deinem Körper hinauf,
es leuchtet hoch bis zu deinem Kopf!

Das Licht umgibt dich.

Alles ist warm und hell.

Quallenatem

Lass uns den Quallenatem ausprobieren.

Quallen treiben gerne in den Wellen des Ozeans auf und ab.

Leg dich an einer gemütlichen Stelle hin und nimm eine Hand auf deinen Bauch.

Stell dir vor, deine Hand ist eine Qualle und dein Bauch das Meer.

Schließe deine Augen, wenn du magst.

Fühle, wie die Wellen auf und ab wogen, während du ein- und ausatmest.

Atme LANGSAM und TIEF ein und spüre, wie deine Qualle nach oben treibt.

Lass die ganze Luft wieder ausströmen und fühle, wie deine Qualle nach unten treibt.

Versuche es noch einmal.

Atme LANGSAM und TIEF ein und spüre, wie deine Qualle nach oben treibt.

Lass die ganze Luft wieder ausströmen und spüre, wie deine Qualle nach unten treibt.

Auf und ab.

Auf und ab.

Sie reitet auf den Wellen des Meeres.

Müde Maus

Geh in den Fersensitz und lege deinen Kopf auf dem Boden ab.

Rolle dich ganz klein zusammen.

So wie eine winzige Maus.

Atme ein und wieder aus.

Langsam ...

Atme ein und wieder aus.

Noch langsamer ...

Atme ein und wieder aus.

Entspanne deinen ganzen Körper.

Du bist eine müde kleine Maus!

Bleibe so lange liegen, wie du magst.

Umarme dich selbst

Sitze aufrecht da und strecke deine Arme ganz weit zur Seite aus.

Atme tief ein.

Beim Ausatmen schlingst du beide Arme um deinen Körper.

Drücke sie fest zusammen und schenke dir eine große Umarmung!

Wiege von einer Seite zur anderen.

Danke, Körper! Du hast heute viel getan.

Lass los.

Sitze aufrecht da und strecke deine Arme ganz weit zur Seite aus, noch weiter als beim ersten Mal.

Atme tief ein.

Beim Ausatmen schlingst du beide Arme um deinen Körper.

Drücke sie ganz fest zusammen!

Schenke dir eine große Umarmung!

Wiege von einer Seite zur anderen.

Danke, Körper! Du hast heute viel geleistet.

Lass los.

Atme tief ein und wieder aus.

Gute Nacht, Sorgen

Stell dir vor, du hältst eine kleine Schachtel in deiner Hand.

Du darfst all deine Sorgen hineinlegen, damit du gut schlafen kannst.

Bedrückt dich etwas?

Sprich es laut aus.

Dann lege diese Sorge in die Schachtel.

Gibt es noch eine andere Angst?

Sprich sie laut aus.

Dann lege sie in die Schachtel.

Nenne all deine Sorgen laut und deutlich.

Es können große, aber auch kleine Sorgen sein.

Lege sie alle in die Schachtel.

Nun verschließe sie fest mit dem Deckel!

Bewahre die Schachtel irgendwo gut auf
oder vertraue sie einer
oder einem Erwachsenen an.

Du musst dir wegen dieser Sorgen jetzt nicht mehr den Kopf zerbrechen.

Du kannst dich ausruhen.

Gute Nacht!

Nachwort

Achtsamkeit kann uns dabei helfen, zu entspannen, unsere Kräfte zu bündeln und Stress abzubauen – aber wir müssen sie regelmäßig praktizieren. Sucht euch deshalb ein oder zwei Einheiten aus, die für euch passen, und übt sie täglich. Es wird eure Familie dabei unterstützen, friedlich und gelassen zu bleiben. Entspannt wie ein Panda!

DANKE!

Danke

An meine außerordentlich kluge und immer positiv eingestellte Lektorin Dani Valladares für die unzähligen Telefonbesprechungen und ihre Führung, während das Buch Gestalt annahm.

An Mallory Loehr, die es bis zu seiner Fertigstellung begleitet hat.

An Anni Betts, deren unglaubliche Illustrationen meine Ideen auf strahlende und spielerische Weise zum Leben erwecken.

An meine Agentin Susie Cohen, die niemals eine Chance ungenutzt verstreichen lässt.

Meine große Dankbarkeit gilt außerdem dem restlichen Team bei Penguin Random House: Jan Gerardi, Julie Gayle, Tara Grieco, Lili Feinberg, Bess Schelper Sampson und Jenny Golub.

Danke auch an meine rechte Hand Katie für alles, was sie für mich tut (und sie tut eine GANZE MENGE). Ich habe keine Ahnung, wie ich das alles geschafft habe, bevor sie zu mir kam.

Vielen Dank an meine Familie – David, Lola, Tristan und Brody – für ihre Unterstützung, ihre Resonanz und ihren Zuspruch die ganze Zeit über.

Zu guter Letzt bedanke ich mich bei allen Eltern und Lehrer*innen, die mein erstes Buch, *Breathe Like a Bear*, gekauft und daheim, im Klassenzimmer, in ihren Therapiestunden und im Stuhlkreis eingesetzt und uns bestätigt haben, wie nützlich und wichtig die Übungen für sie und die Kinder waren. Eure E-Mails, Kritiken und Rückmeldungen waren für uns bei der Entwicklung dieses Buches eine große Hilfe!

Über die Autorin und die Illustratorin

Hilary Murphy Photography

Kira Willey ist eine preisgekrönte Künstlerin für Kindermusik, außerdem Expertin für Kinderyoga und Achtsamkeit, Referentin und Initiatorin von „Rockin' Yoga", einem Yogaprogramm für Schulen. Durch ihre Bücher, Aufführungen und Alben bringt sie Bewegung, Achtsamkeit und Musik zu den Kindern. Sie wurde mit dem *Parents' Choice Gold* und dem *Independent Music Award* ausgezeichnet

Anni Betts ist hauptberufliche Illustratorin und entwirft lebendige, fröhliche Zeichnungen für Bücher, Magazine, Anzeigen, Grußkarten und vieles mehr. Sie stammt ursprünglich aus Illinois, lebt aber inzwischen mit ihrer Familie in England.